ACADÉMIE DE MÉDECINE

Séance du 11 décembre 1877

ÉLOGE

DE M. BARTH

PAR

M. HENRI ROGER

PARIS

G. MASSON, ÉDITEUR

LIBRAIRE DE L'ACADÉMIE DE MÉDECINE

Boulevard Saint-Germain, en face de l'École-de-Médecine

1877

ÉLOGE DE M. BARTH

Par M. HENRI ROGER

Messieurs, il y a huit jours l'Académie de médecine menait le deuil de son illustre président de 1872. M. Barth a voulu reposer dans l'humble cimetière de Bagneux, à une place marquée par lui, à côté d'une enfant adorée que le père courageux s'était vainement efforcé d'arracher aux étreintes du croup. Par une disposition formelle, qui témoigne et de sa modestie et de sa sollicitude pour les survivants, il a refusé la solennité des adieux suprêmes ; une foule émue de collègues, d'amis, de clients reconnaissants n'en a pas moins fait cortége au mort bien-aimé dans la voie douloureuse ; mêlant nos hommages aux tristesses de la famille, nous l'avons accompagné, silencieux et pleurants, jusqu'au lieu de la séparation éternelle, et nous lui avons fait comme un glorieux linceul de nos respects et de notre affection.

Je suis sûr de ne pas trahir les dernières intentions de M. Barth en redisant ici ce qu'il a fait et ce qu'il fut, et en rappelant les services qu'il a rendus à la science et à l'Académie (ce sont les termes mêmes du décret qui le nommait en 1873 commandeur de la Légion d'honneur). Je suis également sûr que mes louanges vraies rencontreront dans vos cœurs une vive et unanime sympathie.

Lorsque l'Académie de médecine nommait en 1854 M. Barth dans la section d'Anatomie pathologique à la presque unanimité des suffrages, elle récompensait en lui le clinicien autant que l'anatomo-pathologiste ; elle ajoutait ses palmes aux couronnes remportées par M. Barth dans les luttes scientifiques. Chaque concours, en effet, avait été pour M. Barth une occasion de triomphe, concours de l'internat, concours de la médaille d'or, concours du bureau central, il y fut toujours le premier et toujours à la fois nommé par ses compétiteurs et par ses juges. Sa supériorité, il la devait aux qualités de son esprit et de son caractère : droiture de l'intelligence, ardeur et ténacité au travail, dévotion au devoir, compassion aux malades, et ces qualités mêmes firent de ses maîtres ses amis.

Ces maîtres, il semble qu'ils avaient été faits pour lui autant que lui pour eux. En chirurgie, ce fut Lisfranc, l'opérateur à la précision géométrique; Louis, l'esclave des faits observés, dont la devise était : « Regarder comme faux ce qui n'est que vraisemblable; » Chomel, le clinicien magistral, que Trousseau ne surpassa point. C'est dans leur fréquentation que se développèrent les qualités innées de M. Barth, la rigueur dans l'observation, la méthode, la logique, la puissance dans la déduction.

L'Académie récompensait encore en M. Barth l'auteur de nombreux travaux d'anatomie pathologique et de clinique, le professeur agrégé dont les fortes leçons retenaient un auditoire attentif de compatriotes et d'étrangers, le médecin d'hôpital et le praticien à la réputation constamment grandissante.

Parmi ces travaux d'anatomie morbide, je citerai les mémoires sur l'*Oblitération de l'aorte*, sur les *Ruptures du cœur*, sur la *Dilatation des bronches*, qui constituent des monographies modèles. Je ne saurais non plus omettre les conférences et les cours qu'il fit, vingt années durant, avec un succès continu, soit comme conservateur du musée Dupuytren, soit comme agrégé rappelé en exercice pour suppléer Cruveilhier.

La caractéristique de l'enseignement de M. Barth, c'était la rigoureuse application au diagnostic et à la prognose des données anatomiques; c'était la clinique éclairée par l'ouverture des corps; c'était une méditation sur la vie comme sur la mort, puisque dans les lésions cadavériques, le clinicien thérapeute recherchait surtout, pour les imiter, si c'était au pouvoir de l'art, les procédés que la nature emploie pour la guérison. C'est ainsi que les créateurs de l'anatomie pathologique en France, Dupuytren, Laennec, Cruveilhier, en avaient compris l'étude, et M. Barth n'aurait pas été, à l'École de Paris, leur indigne successeur.

M. Barth remplit ses fonctions d'académicien avec une scrupuleuse exactitude, avec sa conscience accoutumée; il fut un rapporteur savant, impartial et bienveillant; il prit part, avec une compétence spéciale, avec un talent d'orateur grave et convaincu, aux discussions sur *le cancer et ses différentes espèces*, sur *la physiologie et la pathologie des bruits du cœur* et sur *la prétendue pneumonie caséeuse*.

Dans sa présidence de 1872, il se distingua par l'autorité courtoise et ferme à la fois avec laquelle il dirigeait les discussions, par son activité à susciter des travaux académiques, par l'intérêt qu'il savait faire naître dans nos séances; et, quand les communications scientifiques faisaient défaut, il apportait quelque œuvre importante, telle par exemple son histoire du *Scherlievo* de Fiume, qu'il avait étudié sur place et dont il démontra, avec dessins à l'appui, la nature spécifique. C'est aussi dans les années 1871 et 1872 qu'il lut un nombre presque invraisemblable de rapports.

Combien il était soucieux de la dignité de notre compagnie ! Lorsque l'Académie venait de perdre un de ses membres, le président s'inquiétait des honneurs à rendre à sa mémoire, et quand le temps manquait pour trouver un panégyriste, il savait, orateur improvisé, tracer en quelques mots les principaux mérites de celui qui n'était plus, et, sur la tombe, il lui adressait un hommage qu'il a décliné pour lui-même.

Mettant au service des intérêts de notre compagnie l'amitié d'un grand citoyen dont il était depuis longtemps le médecin, il aurait obtenu de M. Thiers (n'eût été la pénurie des finances de la République) un logement digne de l'Académie; il aurait obtenu ce palais promis, dont nous n'avons, aujourd'hui que la France est plus riche, ni la première pierre, ni même le terrain. Au moins est-ce surtout aux sollicitations instantes de M. Barth que l'Académie a vu son budget presque doublé.

La vie publique, extérieure de M. Barth, vous l'avez connue et appréciée; qu'il me soit permis de vous le faire mieux connaître dans sa vie intime. Toutes les passions nobles emplissaient son âme : souverainement vrai, il apportait même con-

science dans ses écrits, dans ses opinions, dans ses actes ; sa
droiture était égale et dans ses sentiments et dans sa conduite ;
le savant et l'homme avaient même logique.

M. Barth avait la passion de l'équité : dans les concours où
il était juge, jamais la faveur ni même l'amitié ne prévalaient
contre le mérite ; et, dans les élections académiques, fidèle en ses
promesses, il était plus prompt à tenir sa parole qu'à la donner ;
jamais il ne se laissa aller à l'injustice : il aurait mieux aimé
en souffrir que la commettre.

Il avait aussi la passion de l'honnête : ennemi du charla-
tanisme, jamais il ne consentit à compromettre son honneur
avec des charlatans ; il refusait toute consultation comme tout
rapport avec eux ; la déontologie médicale n'a pas eu de plus
rigide observateur ni de plus vigilant gardien.

Aucun ne fut plus jaloux de la dignité de la profession ;
non-seulement il en avait le sentiment le plus élevé et la pra-
tique la plus constante, mais encore il n'y tolérait pas la
moindre infraction, soit chez ses confrères, soit chez ses
clients ; il ne supportait pas de la part des gens du monde la
plus légère atteinte à la considération du médecin : témoin
cette séance du Conseil supérieur de l'instruction publique où
un membre éminent de la magistrature venait d'émettre des
imputations blessantes et injustes à l'égard des médecins des
hôpitaux et des professeurs de clinique : M. Barth, le repré-
sentant élu de l'Académie, le médecin honoraire de l'Hôtel-
Dieu, de se lever aussitôt et de protester avec indignation ; son
éloquente réponse provoqua les applaudissements de tous et
même du magistrat qui, par un renversement de rôles, s'était
attiré cette verte mercuriale.

La charité professionnelle de M. Barth était ardente : membre
du conseil de l'Association générale et président de l'Association
de la Seine, il donnait ainsi des deux mains, chaque année et
depuis longtemps ; exécuteur lui-même de ses legs charitables,
il avait, de son vivant, fait don à chacune de ces sociétés d'un
titre de rente. En dehors des confrères malheureux, il avait
ses pauvres à lui, qu'il secourait personnellement et auxquels il
trouvait des protecteurs dans sa riche clientèle : bien des
œuvres de sa bienfaisance m'ont été révélées depuis sa mort,
et ses bonnes actions sont les seules que cet ami m'ait cachées.

Pour qui n'avait pas pénétré dans l'intimité de M. Barth, toutes ces passions généreuses étaient en quelque sorte latentes; sous des dehors sérieux et réservés se cachait une nature bienveillante, expansive, affectueuse, avec la bonté la plus tendre; sous une apparence calme et même un peu froide battait le cœur le plus sensible, le plus chaud, le plus dévoué, que le mal révoltait souvent, que le bien enflammait toujours.

M. Barth était né en 1806, à Sarreguemines, ville frontière de Lorraine, et quoique bien jeune il avait ressenti les malheurs de l'invasion. Les Prussiens avaient occupé sa ville natale, et Sarrelouis dont sa famille maternelle était originaire, Sarrelouis, la cité de Louis XIV et de Vauban, qui avait donné à la France le maréchal Ney, fut livré à l'Allemagne en 1815. Ces souvenirs de l'enfant restèrent à jamais gravés dans la mémoire de l'homme; aussi dès que la guerre de 1870 fut déclarée à la Prusse, M. Barth se rendit au ministère de la guerre : «Mon fils, dit-il, est trop jeune et moi je suis trop vieux pour combattre; j'apporte la somme nécessaire pour donner à la patrie un soldat de plus. »

La Lorraine, la France étaient envahies pour la troisième fois ! M. Barth ne consentit point à quitter Paris avant l'investissement; il voulut partager les souffrances physiques du siége et les souffrances morales bien autrement dures. Il se réfugia dans le sanctuaire de la famille; il se renferma dans sa patriotique affliction, ne sortant de sa demeure que pour quelques visites à des clients, à des amis, et pour des visites plus fréquentes aux malheureux; n'ouvrant plus un journal politique dont la lecture ne faisait qu'aviver son chagrin, il s'absorba dans l'étude et dans ses devoirs académiques; c'est pendant les plus terribles mois de l'année terrible qu'il eut la force d'achever une œuvre immense, la rédaction de plus de soixante rapports sur des mémoires adressés à l'Académie de médecine (mémoires qui lui avaient été transmis à la mort de Grisolle).

Au milieu des désastres de la patrie M. Barth oublia ses propres malheurs, la ruine de sa maison de campagne, saccagée et souillée par les Allemands, le commencement d'incendie de son petit hôtel de la rue de Lille par les fuyards de

la Commune : la perte de l'Alsace et de sa chère Lorraine fut
assurément la plus poignante douleur de sa vie. Vous vous
rappelez l'accent de ses chaleureuses paroles alors que, président de l'Académie, il invitait tout le corps médical de France
à participer largement (et il donnait l'exemple) à la souscrip-
tion nationale pour la libération du territoire.

J'ajoute que M. Barth, comme M. Pasteur, renvoya, après
la guerre, à une société savante d'Allemagne le diplôme qu'il
en avait reçu avant, sans l'avoir sollicité.

M. Barth était comblé : grand clinicien, grand consultant,
chargé de plus d'honneurs qu'il n'en avait demandé ; partout
le premier à l'élection de ses pairs comme il avait été partout
le premier dans les concours ; président de l'Académie, président perpétuel de l'Association des médecins de la Seine, président d'honneur de la Société clinique de Paris où revit la
Société médicale d'observation ; ayant pour amis et pour
obligés les plus illustres dans les sciences, les lettres, les arts
et la politique ; conservant néanmoins au milieu de ces gran-
deurs méritées la simplicité du foyer et les vertus patriarcales.

Cependant la fatigue se fit sentir et M. Barth se décida à
chercher en Italie quelques semaines de repos. Nous avions
visité ensemble Milan, Pise, Florence ; il voulut voir Rome et
Naples, en compagnie de sa fille dont la grâce emplissait ses
vingt ans, et de son fils, lettré, artiste et déjà savant, qui, reçu
le premier à l'internat, renoue ainsi à quarante ans de distance
la tradition paternelle. Les débuts du voyage furent aussi pleins
de charme que la fin en devait être cruelle. Dans une nuit
passée à Rome, M. Barth but le poison palustre dont les effets
menaçants déjà éclatèrent à Naples. Le mal ne fut aussi puis-
sant que parce que l'organisme était ébranlé ; en quittant Paris,
M. Barth emportait une vive peine de patriote et d'ami ; il avait
assisté M. Thiers dans sa dernière et si émouvante maladie, lui
avait pieusement fermé les yeux et n'était parti qu'après la
cérémonie des funérailles.

Ce ressouvenir assombrissait les distractions du voyage. Un
premier accès de fièvre eut lieu le lendemain de l'arrivée à
Naples ; un second, quatre jours seulement plus tard, avec rémis-
sion assez complète pour permettre des excursions à Pompéi,

à Herculanum. Le troisième accès se manifesta à Rome, pernicieux cette fois, et à forme syncopale. Il fallait revenir ; mais on revenait frappé à mort. Dès lors, apparurent des localisations successives, témoignage d'une profonde et irrémédiable intoxication. Malgré la médication quinique, malgré les soins de l'amitié (MM. Noël Gueneau de Mussy et Fauvel étaient venus à mon secours), malgré l'admirable dévouement de sa femme et de son fils, M. Barth mourut après deux mois de souffrances.

Il ne s'était pas un instant fait illusion sur la gravité de son état ; malade, il était resté le sagace médecin. Aussi, dès son retour, il s'était hâté de confirmer ses décisions ultimes : la charité les inspirait ; il fit don à l'Association de la Seine d'une nouvelle rente de 300 francs pour un médecin pauvre.

Vous dirai-je, messieurs, la sérénité de sa fin ? Sa placide incrédulité à nos pieux mensonges ? Vous peindrai-je ce milieu que la mort devait bientôt désoler, et où celui qui allait mourir vivait ses derniers jours dans la fréquentation de poëtes favoris, Virgile et La Fontaine, comblé de la tendresse de ses proches et des caresses ingénues de ses petits-enfants ? Hélas ! je n'ai plus que la force de vous dire le courage stoïque du clinicien, notant et signalant les indices de la crise terminale, la chute du pouls, l'embarras de la respiration ; dictant pour lui-même, avec une énergie admirable, les soins qui retardent et adoucissent l'agonie.

La passion de la justice qui anima toujours M. Barth l'avait rendu religieux : au spectacle de la misère des bons et du triomphe des méchants, je le vis bien des fois s'indigner, et, pour absoudre les dieux, il avait besoin de croire à la réparation divine de ces humaines iniquités. Il aurait dit volontiers avec Jean-Jacques : « Otez la justice éternelle et la prolongation de mon être après cette vie, je ne vois plus dans la vertu qu'une folie à qui l'on donne un beau nom. » Il fut d'ailleurs doucement attiré vers la religion par la vertueuse compagne qui fut le charme des jours fortunés et l'ange des jours d'angoisse. C'est dans ce louable sentiment de foi sincère qu'il disait souvent : « Je n'accomplis aucun acte sérieux sans être prêt à en rendre compte. » Aussi, lorsqu'il eut rendu le compte, pour lui si facile, de son existence entière, il s'endormit tranquillement au sein des « espérances immobiles ».

Et maintenant j'ai le triste droit de prendre dans la commune affliction une part plus grande que tout autre : l'Académie perd dans M. Barth une de ses illustrations les plus pures, et moi l'affectueux compagnon de ma vie, le guide et le modèle de mes actions, mon collaborateur, précieux et fidèle, et tellement ami que trente-sept années de collaboration médicale n'ont pu altérer notre union. Je perds enfin celui que je me plaisais à appeler la moitié de moi-même (*dimidium meî*) et assurément la meilleure.

Du commencement au terme de la carrière nous avons marché fraternellement ; lorsque mêmes succès, mêmes bonheurs nous échurent (chacun à notre tour), la joie de l'un se doublait toujours de la joie de l'autre. Ainsi (comme le disait Montaigne de son ami Étienne de la Boëtie), nos cœurs et nos esprits ont « charié uniment ensemble » ; ainsi s'est « acheminée l'amitié que nous avons nourrie entre nous si entière et si parfaite » pendant près d'un demi-siècle. Cette amitié solide, sa voix de mourant me l'affirmait encore ; elle ne s'est éteinte que sous le souffle de la mort ; et voici que de cette longue accointance, de ces bonheurs semblables, de ces travaux communs qui avaient rendu nos deux noms inséparables, il ne me reste plus que le souvenir ; et je répète la plainte du poëte latin : « O frère qui m'es enlevé, avec toi périssent nos joies et nos études et toutes les délices de l'âme ! »

Messieurs, les paroles que je viens d'adresser à la mémoire d'un ami ne sont qu'une effusion du cœur : M. Barth mérite plus que cette esquisse imparfaite, et sa noble existence attend un historien qui sera aisément un panégyriste ; il est digne de figurer dans la haute compagnie de ces médecins éminents dont le secrétaire perpétuel de notre Académie fixe les noms dans le souvenir des contemporains et dont il offre les grandes images en exemple aux générations futures. Belle fut la vie de M. Barth, car elle eut la splendeur du bon.

PARIS. — IMPRIMERIE DE E. MARTINET, RUE MIGNON, 2

PARIS. — IMPRIMERIE DE E. MARTINET, RUE MIGNON, 2.